AF381247

STALINE

Du rêve socialiste au cauchemar de la terreur

Par Aude Perrineau

50MINUTES.fr

STALINE

INTRODUCTION

Iossif (Joseph) Vissarionovitch Djougachvili, dit Staline, est l'un des hommes politiques les plus connus de la planète. Secrétaire général du parti communiste de l'Union soviétique à partir de 1922, puis dirigeant de l'URSS de 1924 à 1953, il parvient à dominer son pays, puis la moitié de l'Europe, avant de favoriser l'extension du communisme dans le reste du monde.

Né dans la pauvreté au fin fond de la Géorgie, exclu de son école religieuse, Staline fait ses armes dans le grand banditisme. Suite à la révolution russe et au renversement du régime tsariste, il accède au cercle fermé des nouveaux dirigeants socialistes avant de s'emparer du pouvoir et d'instaurer un régime dictatorial et répressif. Avec Staline, l'avenir radieux qu'annonçait la révolution se transforme en cauchemar. Il devient le symbole d'un communisme extrême, l'incarnation de la barbarie moderne, et fait de l'URSS le modèle du totalitarisme. Son règne se distingue par la durée et la profondeur de son action, faisant de lui l'homme politique qui a le plus pesé sur le XXe siècle.

Après sa mort et la révélation de l'étendue de ses crimes s'effondre ce qui fut sans doute la plus grande utopie du siècle. Pourtant, des années après sa mort, l'homme continue d'exercer une certaine fascination. Depuis la chute de l'URSS, sa popularité renaît en Russie, où son héritage est revisité et idéalisé.

INFORMATIONS CLÉS

- **Naissance ?** Le 6 décembre 1878 – officiellement le 21 décembre 1879 – à Gori (Géorgie, Empire russe).
- **Mort ?** Le 5 mars 1953 à Moscou.
- **Faits notoires ?**
  - L'instauration du communisme en URSS.
  - La mise en place d'un régime dictatorial et répressif.
  - L'industrialisation accélérée de l'URSS et la collectivisation des terres.
  - La contribution à la victoire des Alliés lors de la Seconde Guerre mondiale (1939-1945).

- La mise sous tutelle de l'Europe de l'Est et le déclenchement de la guerre froide (1947-1991).

L'HOMME AUX MILLE SURNOMS

Durant sa vie, Iossif Djougachvili a eu de nombreux surnoms et pseudonymes. S'il était appelé Sosso (diminutif de Joseph) durant son enfance, il prend ensuite le nom de Koba (bandit d'honneur, héros issu d'un roman d'aventure caucasien) en entrant dans la clandestinité. Il adopte finalement le patronyme Staline, formé sur le mot russe *stal* qui signifie « acier » : Staline ou l'homme d'acier.

BIOGRAPHIE

DE L'ÉGLISE AU MARXISME

Staline est né le 6 décembre 1978 dans une famille très modeste installée dans la ville de Gori, en Géorgie. Sa mère, Ekaterina Gueladzé (1858-1937), est une femme très pieuse, ambitieuse et protectrice, qui travaille comme domestique auprès de familles aisées. Vissarion Djougachvili (vers 1850-1906/1909), son père, est un cordonnier brutal et alcoolique. Si le couple a eu quatre enfants, seul Staline survit malgré sa santé fragile : la variole contractée pendant son enfance lui laisse un visage grêlé qui sera soigneusement maquillé sur les portraits officiels, tandis qu'un accident de carriole blesse irrémédiablement son bras gauche.

Il fréquente l'école religieuse de Gori puis le séminaire de Tiflis (Tbilissi, capitale de la Géorgie), où il se montre doué pour les études. S'il est un grand lecteur et bon acteur, il est aussi un enfant difficile, autoritaire, bagarreur, arrogant et impitoyable, qui refuse toute forme d'obéissance. Il obtient de bons résultats scolaires jusqu'en 1897, année à partir de laquelle il se désintéresse de ses études pour la politique et perd la foi. Il est renvoyé deux ans plus tard, mettant fin au rêve de sa mère de le voir devenir évêque.

DE LA CLANDESTINITÉ AU POUVOIR SUPRÊME

Staline commence alors à militer dans les groupuscules socialistes clandestins des grandes villes ouvrières du Caucase, fomentant l'agitation et multipliant les appels à la grève. Il est arrêté en avril 1902 par l'Okhrana (la police politique tsariste) et est condamné à trois ans d'exil en Sibérie. Après son évasion, il rejoint le mouvement bolchevik (mouvement politique qui s'est donné pour objectif de préparer une révolution socialiste en Russie en s'appuyant sur l'alliance des paysans et des ouvriers) et rencontre pour la première fois Lénine (chef révolutionnaire socialiste russe, 1870-1924), son fondateur, en 1905. Entre 1908 et 1913, l'implication de Staline dans des braquages et extorsions diverses (dites « expropriations révolutionnaires » destinées à alimenter les caisses du parti bolchevik) lui vaut plusieurs arrestations et condamnations, mais également la reconnaissance de ses pairs.

Après la révolution russe de 1917 et la prise du pouvoir par les bolcheviks, il est nommé commissaire du peuple aux Nationalités dans le nouveau gouvernement de Lénine. Au cours de la guerre civile (1918-1922) qui suit, il est chargé de missions spéciales visant à lutter contre les opposants au nouveau régime. Il se distingue alors par son obsession des complots, des arrestations arbitraires, des condamnations sans procès, des représailles sanglantes, ainsi que par de piètres résultats militaires. En mars 1919, il devient l'un des cinq membres du Politburo (bureau exécutif du comité central du parti communiste soviétique), nouvellement créé, avec Lénine et Trotski (homme politique soviétique, 1879-1940), puis secrétaire général du parti communiste de l'URSS en 1922. Deux ans plus tard, à la mort de Lénine, il parvient à éliminer ses adversaires directs au pouvoir et à prendre la tête de l'État.

UNE VIE PERSONNELLE CHAOTIQUE

La vie familiale de Staline est le reflet chaotique et tragique du reste de son existence. Il épouse en 1906 Ekaterina Svanidzé (1885-1907), qui meurt de maladie l'année suivante en lui laissant un fils, Iakov (1907-1943), qu'il méprise et pour lequel il refusera un échange de prisonniers avec les Allemands au cours de la Seconde Guerre mondiale. Il se remarie après la révolution avec Nadejda Allilouïeva (1901-1932), qui se suicide en 1932. Leur fils, Vassili (1921-1962), se fait remarquer dans l'aviation de l'Armée rouge par son indiscipline, son alcoolisme et sa débauche. Quant à sa fille chérie, Svetlana (1926-2011), elle demande l'asile politique aux États-Unis et s'y installe en 1967.

LE SAVIEZ-VOUS ?

Staline est décrit comme un travailleur acharné, qui se contente d'un mode de vie spartiate. Il vit en horaires décalés (midi-4 heures du matin) et impose ce rythme de vie à ses principaux collaborateurs. Grand lecteur, il possède une bibliothèque de plusieurs milliers de volumes comprenant les grands classiques de la littérature russe et européenne. Il est également un grand amateur de musique et de cinéma.

TRENTE ANS DE DICTATURE

Arrivé au sommet de l'État, il impose un pouvoir personnel et instaure un régime communiste totalitaire. Les terres et les moyens de production sont nationalisés et mis au service d'une industrialisation accélérée du pays. Les opposants réels ou supposés sont éliminés ou envoyés en camps de travail lors des grandes purges, et les populations contestataires ou suspectes sont déportées dans des régions isolées. La religion est également prohibée et la vie culturelle est mise au service du nouveau régime et du culte de la personnalité de son chef.

Après l'invasion allemande de juin 1941 qui s'est produite au cours de la Seconde Guerre mondiale, l'URSS entre en guerre aux côtés des Alliés. L'État atténue alors quelque peu la pression idéologique qu'il exerce sur le peuple, tout en faisant en sorte que le sentiment nationaliste contre l'envahisseur soit exacerbé. Avec la victoire finale, l'URSS pénètre dans le cercle restreint des grandes puissances. Cette victoire permet également de renforcer la popularité de Staline à l'intérieur de son pays, favorisant et accentuant le culte de sa personnalité. Mais la dévastation du pays et le durcissement idéologique qui caractérisent les années suivantes anéantissent les espoirs de la population de mener une vie meilleure après la guerre.

La fin de la menace nazie fait renaître le conflit idéologique entre capitalistes et communistes. Les démocraties occidentales s'organisent alors pour contrer les velléités d'expansion communiste à travers le monde : c'est le début de la guerre froide.

Vieillissant et usé physiquement, Staline meurt des suites d'une attaque cérébrale le 5 mars 1953 dans sa maison de Kountsevo (district municipal de Moscou), quelques années seulement après le début des hostilités et la formation des deux blocs.

CONTEXTE

L'EMPIRE RUSSE EN CRISE

À la naissance de Staline, l'Empire russe (qui comprend alors la Finlande, les pays Baltes, une partie de la Pologne, la Biélorussie, l'Ukraine, le Caucase et une part importante de l'Asie centrale) est dirigé par la dynastie Romanov depuis près de 300 ans. Alors que l'État connaît une période difficile et que son modèle politique est contesté, les tsars refusent tout établissement d'un régime parlementaire ou constitutionnel, enfonçant plus encore le pays dans l'autocratie et l'immobilisme. Alexandre II (1818-1881), surnommé le tsar réformateur, lance un programme de réformes qui est interrompu par son assassinat et l'opposition de son fils, le futur Alexandre III (1845-1894). Au terme de son règne, ce dernier laisse donc à son propre successeur, Nicolas II (1868-1918), un État plongé dans une grave crise sociale, politique, mais aussi agraire et industrielle.

Les tensions s'accumulent et atteignent leur paroxysme lorsque le 22 janvier 1905, à Saint-Pétersbourg, la garde ouvre le feu sur la manifestation ouvrière venue demander au tsar davantage de justice sociale. Cet événement, connu sous le nom de « Dimanche rouge », est le point de départ d'une agitation croissante qui mènera à la révolution une décennie plus tard. Il est suivi de plusieurs vagues de grèves dans les grandes villes et de soulèvements paysans dans les campagnes. En octobre, le tsar accepte la création d'une constitution et d'un Parlement élu, la Douma, qui, dans les faits, n'aura quasiment aucun pouvoir.

LE DÉVELOPPEMENT DES IDÉES SOCIALISTES EN RUSSIE

Au début du XXe siècle, la majorité des Russes cultivés souhaite des changements politiques semblables à ceux qui se produisent ailleurs en Europe, et aspire à une plus grande implication dans la vie publique ainsi qu'à une libération du peuple. Mais à côté des mouvements modérés, demandeurs de réformes dans le cadre du système en place, s'affirment des mouvements plus radicaux, partisans d'un renversement complet du régime. Ceux-ci refusent la voie capitaliste suivie par les pays d'Europe occidentale et militent pour l'instauration du socialisme.

Les sociaux-démocrates russes fondent un premier parti en 1898. Ils sont inspirés par les idées de Karl Marx (théoricien du socialisme et révolutionnaire allemand, 1818-1883), introduites en Russie à la fin du XIXe siècle, et rêvent d'instaurer une société sans classe par une révolution du prolétariat. En 1903, ils se divisent en bolcheviks, menés par Lénine, qui souhaitent la création d'un parti centralisé et hiérarchisé ainsi qu'une révolution socialiste immédiate ; et en mencheviks, menés par Iouli Martov (1873-1923), partisans d'un grand rassemblement populaire et d'un passage progressif au socialisme. Ces partis d'opposition œuvrent clandestinement à la diffusion de leurs idées. En effet, les grèves sont interdites et réprimées dans la violence, tandis que les syndicalistes et les opposants sont pourchassés par la police tsariste.

DE L'EMPIRE RUSSE À L'URSS

Entrée dans la Première Guerre mondiale (1914-1918) contre l'Allemagne et l'Autriche-Hongrie, l'armée impériale subit de nombreuses défaites et des pertes considérables entre 1914 et 1916. La démoralisation et les pénuries provoquent des grèves et des émeutes dans les grandes villes au début de l'année 1917. Les députés de la Douma exigent alors l'abdication du tsar, qui cède à leur revendication le 15 mars 1917 : c'est la révolution de Février. Un gouvernement provisoire issu de la Douma est ainsi formé, mais son autorité est faible et une grande désorganisation règne dans tout le pays.

Lénine promeut alors l'idée d'un renversement du gouvernement provisoire par une insurrection armée, et rallie à son opinion les principaux responsables bolcheviks : c'est la révolution d'Octobre. Les insurgés s'emparent des points stratégiques de Saint-Pétersbourg et donnent l'assaut au palais d'Hiver, où siège le gouvernement provisoire, le soir du 6 novembre. C'est à un véritable coup d'État auquel assiste le monde. Le lendemain matin, Lénine annonce que les bolcheviks ont pris le pouvoir. Il est désormais à la tête du nouveau gouvernement, dans lequel il octroie à Staline le poste de commissaire du peuple aux Nationalités. Quelques mois plus tard, les bolcheviks mettent fin, par le traité de Brest-Litovsk (3 mars 1918), à la guerre avec l'Allemagne au prix de lourdes pertes territoriales. Dans la foulée, l'Armée rouge est créée et la capitale est transférée à Moscou.

À peine instauré, le nouveau régime se heurte déjà à une violente opposition y compris dans le milieu ouvrier. Il affronte également la résistance des partis adverses : les socialistes révolutionnaires constituent un gouvernement indépendant, tandis que des officiers tsaristes créent une armée qui leur est propre. On voit donc s'affronter une armée blanche (opposée aux bolcheviks) à l'Armée rouge, faisant plonger le pays dans les affres de la guerre civile. Ouvertement hostiles au bolchevisme, les puissances étrangères soutiennent l'armée blanche en envoyant des contingents militaires, avant d'intervenir en armant les généraux blancs. Les conflits militaires ne s'achèvent qu'en novembre 1920 avec la victoire des rouges.

En décembre 1922, le nouvel État – qui englobe la Russie, l'Ukraine, la Biélorussie et la Transcaucasie – adopte la dénomination d'URSS (Union des républiques socialistes soviétiques) et une constitution au début de l'année 1924. Le parti bolchevik prend le nom de parti communiste et devient le seul parti légal.

L'UTOPIE DE LA RÉVOLUTION MONDIALE ET LA CONSTRUCTION DU SOCIALISME

Pour Lénine et Trotski, la révolution soviétique n'est que le point de départ d'un mouvement de plus grande ampleur, la révolution mondiale, dans lequel l'URSS devient le foyer d'origine d'une insurrection populaire s'étendant au-delà des frontières. Le Komintern (ou Internationale communiste) est créé en mars 1919 pour regrouper au sein d'une organisation internationale les partis communistes de tous les pays. Il est dirigé par l'URSS, qui cherche par son biais à déstabiliser ou à renverser les pouvoirs en place. Tout au long des années vingt, les dirigeants soviétiques guettent ainsi les signes avant-coureurs de conflits entre pays capitalistes susceptibles de déboucher sur une révolution communiste, tout en s'efforçant de normaliser leurs relations diplomatiques avec lesdits pays pour empêcher la formation d'un nouveau front capitaliste contre l'URSS. Aucune révolution communiste n'a lieu en Europe occidentale. Ainsi la contre-offensive lancée par l'Armée rouge à la fin de la guerre civile (1920) contre la Pologne, qui avait envahi l'Ukraine, se heurte à une grande résistance patriotique et à l'amateurisme stratégique de Staline. Cet échec, suivi de celui des tentatives de révolution communiste en Hongrie (1919), en Allemagne (1921 et 1923), en Bulgarie (1923) et en Chine (1927), mettent fin au rêve de révolution mondiale. Finalement, la crise économique qui survient en 1929 ne favorise pas l'anticapitalisme et la montée du communisme, mais bien celle des mouvements nationalistes ou fascistes.

Staline, qui ne croit pas en la révolution mondiale et en redoute même les conséquences, est quant à lui convaincu que la priorité doit être accordée aux intérêts de l'État soviétique par rapport à ceux du mouvement communiste international. À partir de 1928, sa doctrine dite de « la construction du socialisme dans un seul pays » l'emporte. Jusqu'en 1933, l'URSS se focalise donc sur la lutte contre les partis sociaux-démocrates européens, jugés trop modérés et donc déviants. Mais en empêchant le rapprochement du parti communiste et des sociaux-démocrates en Allemagne, la doctrine stalinienne facilite l'accession au pouvoir du parti national-socialiste d'Adolf Hitler.

Consciente du danger, la politique extérieure soviétique fait volte-face et se rapproche des démocraties occidentales, tout en jouant l'apaisement avec l'Allemagne pour éviter qu'éclate un affrontement armé qu'elle n'est pas en mesure de supporter. Elle favorise également l'union des mouvements de gauche pour barrer la route au fascisme. En 1936, ces Fronts populaires remportent des victoires électorales, notamment en Espagne, où une tentative de coup d'État militaire, en réplique à la victoire de la gauche espagnole, aboutit après trois années de guerre civile à la prise de pouvoir par le général Franco (1892-1975), et ce malgré l'aide discrète apportée par l'URSS au camp républicain. En réponse, le Japon et l'Allemagne, rejoints ensuite par l'Italie, la Hongrie et l'Espagne, signent en 1936 le pacte anti-Komintern, donnant une réalité à la peur de l'encerclement capitaliste, propagée de longue date par propagande soviétique.

LA SECONDE GUERRE MONDIALE

Après bien des hésitations, l'URSS choisit de s'allier avec l'Allemagne plutôt qu'avec les démocraties occidentales. C'est une alliance de circonstance, purement pragmatique, qui permet à cette dernière d'envahir la Pologne le 1ᵉʳ septembre 1939 sans craindre une intervention soviétique. Deux jours plus tard, la Grande-Bretagne et la France déclarent la guerre à l'Allemagne. Le 17 septembre, l'URSS envahit à son tour la Pologne, avec laquelle elle a de vieux comptes à régler. Peu à peu la guerre s'étend.

Les Allemands connaissent des succès éclairs sur le front Ouest (en Pologne, au Danemark, aux Pays-Bas, en Belgique et en France) jusqu'en juin 1940, qui leur permettent d'envisager une expansion vers l'est. Le 21 juin 1941, l'Allemagne envahit l'URSS, rompant de ce fait le pacte qui les unissait. En décembre, les Américains se joignent à leur tour aux Alliés après l'attaque de leur base navale de Pearl Harbor par le Japon. Dès lors, Soviétiques, Britanniques et Américains se rencontrent à plusieurs reprises pour décider des stratégies de poursuite de la guerre : à Moscou (août 1942), à Téhéran (novembre 1943), à Yalta (février 1945) et à Potsdam (juillet 1945).

Winston Churchill, Franklin D. Roosevelt et Staline à la conférence de Yalta.

À partir de l'été 1942, les Allemands perdent de plus en plus de terrain sur le territoire soviétique. Le 6 juin 1944, le débarquement de Normandie ouvre un deuxième front, à l'ouest. L'avancée conjointe des troupes alliées et soviétiques prend en tenailles l'Allemagne, qui capitule le 8 mai 1945, mettant fin à la guerre en Europe. Les bombardements atomiques d'Hiroshima et de Nagasaki en août 1945 conduisent, quant à eux, à la capitulation du Japon le 2 septembre 1945 et à l'achèvement du conflit au niveau mondial.

TEMPS FORTS

DE LÉNINE À STALINE : LA PRISE DE POUVOIR

Pendant la guerre civile (1918-1922), Staline est un collaborateur très proche de Lénine, qui l'apprécie pour sa détermination sans faille et son absence de scrupules dans l'action. Il lui maintient sa confiance au cours des années suivantes, si bien qu'en 1922, Staline est nommé secrétaire général du parti, fonction qu'il va occuper pendant 30 ans. Les relations entre les deux hommes ne sont pourtant pas dénuées de conflits, et Lénine se fait peu d'illusions sur son protégé, qu'il qualifie de trop brutal dans son testament politique, à tel point qu'il recommande au parti de l'écarter. Lorsque Lénine meurt le 21 janvier 1924, il laisse pour qui saura s'en emparer une place libre au sommet de l'État.

Dans la bataille tactique qui suit, Staline se montre le plus habile et parvient à éliminer un à un les candidats à la succession. Depuis plusieurs années, il a placé ses hommes aux postes les plus importants afin de contrôler les organes stratégiques et les postes essentiels du pouvoir. Il s'allie d'abord à Zinoviev (1883-1936) et à Kamenev (1883-1936) contre Trotski avant de se retourner contre eux. Pour asseoir sa légitimité, il fait en sorte de s'inscrire dans la même lignée idéologique que Lénine, et n'hésite pas à se présenter comme son « meilleur disciple ». En mettant en avant quelques idées simples et en faisant passer les autres courants de pensée pour des déviations menaçant l'unité du parti, il parvient à incarner l'héritier du défunt maître, dans lequel se reconnaissent les militants d'origine populaire.

LE GRAND PERDANT

Trotski est le grand perdant de la bataille pour la succession de Lénine et demeurera l'éternel rival de Staline. Révolutionnaire de la première heure, grand théoricien du marxisme, il joue un rôle décisif dans la guerre civile en créant et en organisant l'Armée rouge. Pressenti pour succéder à Lénine, il réalise trop tard le danger que représente Staline. Expulsé d'URSS en 1919, il ne cesse de dénoncer la politique de Staline et l'abandon de la révolution mondiale pendant son exil qui le conduit en Turquie, en France et en Norvège, puis, à partir de 1937, au Mexique, où un agent de Staline le retrouve et l'assassine trois ans plus tard.

L'ÉTABLISSEMENT DE LA DICTATURE

Staline s'entoure d'un groupe de collaborateurs fidèles à sa personne et à ses idées. Les cadres du parti sont ainsi profondément renouvelés entre 1920 et 1930, afin d'éliminer la première génération du bolchevisme plus attachée à Lénine. Il promeut au contraire des hommes nouveaux, sans référence au passé, qui lui doivent tout et qui lui sont totalement dévoués. Il concentre ainsi de plus en plus de pouvoir sous le prétexte d'une centralisation nécessaire : l'État fonctionne désormais selon les décisions d'un groupe restreint de personnes, qui les prennent de manière informelle en petits comités.

Son pouvoir personnel s'accompagne d'une intense propagande, qui s'exprime par le biais d'affiches, de journaux, d'émissions de radio et de télévision. Tous les intellectuels sont sommés de se mettre au service du nouveau régime. La propagande prend également soin de véhiculer le culte de la personnalité de Staline, qui fait réécrire sa biographie et les livres d'histoire pour se donner un rôle majeur dans la dissidence clandestine et la révolution. Elle s'attache aussi à mettre en avant les grandes réalisations pour cacher la misère, le gaspillage et les abus de pouvoir qui gangrènent l'URSS, montrant ainsi le monde non pas tel qu'il est, mais tel qu'il devrait être dans un État socialiste idéal. La propagande est également dirigée vers l'étranger pour pro-mouvoir le modèle soviétique : alors que les pays capitalistes sont durement touchés par la crise de 1929, des fermes et des usines modèles sont mises en place spécialement pour les visites de délégations étrangères.

Pour terminer, la religion étant considérée comme une idéologie rivale, les églises sont fer-mées, transformées en entrepôts ou en garages, et les monastères pillés. La grande cathédrale du Christ-Sauveur de Moscou est même dynamitée le 5 décembre 1931, et les fêtes religieuses sont supprimées. Des fêtes soviétiques sont alors créées pour rythmer le quotidien.

UNE INDUSTRIALISATION ACCÉLÉRÉE

Partant du constat que la Russie est un pays technologiquement très en retard par rapport aux pays d'Europe de l'Ouest, Staline décide de faire de l'URSS une grande puissance industrielle et militaire. Pour y parvenir, il fait encadrer le développement industriel par une planification centralisée : les plans quinquennaux qui définissent sur cinq ans des objectifs à remplir en termes de production. Le premier plan, lancé en 1928, donne la priorité à l'industrie lourde et aux infrastructures. Les ouvriers, dont le nombre ne cesse d'augmenter, sont mal payés et soumis à de fortes pressions en vue d'atteindre les objectifs très ambitieux fixés par les plans.

La croissance industrielle se révèle impressionnante et montre une très forte augmentation de la production de matières premières (acier, charbon et électricité). De grands projets sont lancés et donnés en exemple de la modernisation accélérée du pays. Les fiertés du régime incluent des usines de tracteurs et d'automobiles, des complexes sidérurgiques, le barrage hydroélectrique du Dniepr, ou encore le métro de Moscou, dont la première ligne est inaugurée en 1935. Creusée suffisamment profond pour servir d'abri en cas de guerre, cette vitrine du socialisme est décorée comme un palais souterrain.

LA COLLECTIVISATION FORCÉE DES CAMPAGNES

Dans les années vingt, la Russie est très majoritairement agricole : 80 % de sa population sont des paysans qui sont opposés à la collectivisation, préférant à celle-ci une distribution équitable des terres et un allègement des impôts. Cela n'empêche pas Staline de lancer la collectivisation des campagnes dès le mois de novembre 1929 pour améliorer le ravitaillement des villes. Cette mesure prévoit le regroupement des paysans dans des kolkhoz (fermes à statut coopératif) ou des sovkhoz (fermes d'État) et l'élimination d'une classe sociale, les koulaks (paysans les plus aisés), qui sont expropriés et déportés dans des régions inhospitalières ou dans des camps de travail. Les kolkhoziens eux n'ont pas le droit de quitter leur village sans autorisation et sont soumis à de multiples corvées (abattage de bois, construction de routes, etc.). Désabusés, ils ne travaillent qu'à moindre effort des terres qui ne leur appartiennent plus et dont les récoltes sont achetées par l'État à des prix trop dérisoires pour leur permettre de vivre. Les faibles productions sont réquisitionnées par l'État pour remplir les plans de livraison, provoquant disettes et famines dans les campagnes. La résistance massive à la collectivisation et les révoltes armées qu'elle provoque sont soigneusement passées sous silence dans l'histoire officielle.

En 1935, la collectivisation est considérée comme achevée, mais elle ne peut perdurer qu'avec des concessions : de petits lopins individuels sont cédés aux paysans pour pourvoir à leurs besoins, et des privilèges matériels et honorifiques sont créés pour les stimuler.

GOUVERNER PAR LA TERREUR

La Tcheka, police politique créée en 1917 pour combattre la contre-révolution, est remplacée en 1934 par le NKVD, le commissariat du peuple aux Affaires intérieures, qui deviendra à son tour le KGB (comité de sécurité d'État) après la mort de Staline. Promu à la tête du NKVD en 1938, Lavrenti Beria (1899-1953) devient le bras droit de Staline et le principal exécutant de sa politique de terreur.

Dans le système stalinien, la terreur a pour objectif de lutter contre les oppositions de toutes sortes : les espions étrangers, les comploteurs, les opposants présumés, mais également les responsables politiques, économiques ou militaires supposés responsables des difficultés rencontrées par la mise en place des nouvelles mesures. Tout le monde est visé. Et pour cause ! La marche en avant vers le socialisme a besoin de boucs émissaires pour expliquer ses échecs. Staline va même jusqu'à établir des quotas de déportations et d'exécutions qui sont remplis à coup d'accusations imaginaires. En outre, le système encourage la délation et oblige ses citoyens à vivre dans la peur et le mensonge : la présomption de culpabilité règne en maître et chacun devient un suspect potentiel.

La Grande Terreur (opération de répression massive des années 1936-1938) est l'occasion de procès au cours desquels sont jugés et condamnés les principaux dirigeants bolcheviques qui se sont opposés à Staline (dont Zinoviev et Kamenev). Pour les accuser, tout est permis : depuis le trucage des pièces à conviction jusqu'au recours à la torture. En 1937-1938, les purges s'étendent à l'armée, motivées par une paranoïa envers les anciens officiers tsaristes. Les principaux généraux ainsi que de nombreux officiers et militaires sont ainsi arrêtés. En l'espace d'une courte période, l'armée perd près de 40 000 gradés.

Dans les dernières années du règne de Staline, la chasse contre les influences étrangères prend une tournure antisémite. Des milliers de juifs sont arrêtés ou licenciés sous couvert d'accusation d'activités antirusses ou pro-impérialistes. En janvier 1953, un groupe de médecins juifs est accusé d'avoir voulu à tort empoisonner des dirigeants soviétiques : c'est l'affaire des blouses blanches, amorce probable de nouvelles grandes purges, interrompues par la mort du dictateur.

LES CAMPS DE TRAVAIL

Le Goulag (ou administration principale des camps) est mis en place dans les années trente sur décision de Staline. Il s'agit d'un réseau de camps de travail forcé, où les détenus, censés être « rééduqués » par le travail, sont exploités comme des esclaves. Ils constituent une main-d'œuvre gratuite qui permet d'exploiter les richesses naturelles des régions inhospitalières et d'assurer le développement du nouvel État socialiste.

Si certains sont des prisonniers politiques, la plupart d'entre eux sont des citoyens ordinaires, victimes de la pénalisation disproportionnée de menus larcins. Ils travaillent à l'exploitation de minerais, de bois, de charbon, à la construction de routes, de canaux ou de chemins de fer.

STALINE CONTRE HITLER : LA « GRANDE GUERRE PATRIOTIQUE »

Le 23 août 1939, Allemands et Soviétiques signent un pacte de non-agression, comprenant un protocole secret qui reconnaît une zone d'influence soviétique en Europe orientale. Staline y voit là l'occasion de détourner les visées impérialistes de l'Allemagne vers l'Ouest de l'Europe et d'envisager une expansion en Europe de l'Est, ou, dans le cas contraire, qu'une révolution bolchevique en découle. Mais, au matin du 22 juin 1941, l'Allemagne viole le pacte : l'opération « Barbarossa », l'une des plus grandes opérations militaires de l'histoire, est lancée avec l'objectif d'anéantir grâce à une guerre éclair le judéo-bolchevisme qui gangrène l'URSS et ceux qu'il considère comme des « sous-hommes slaves ».

De 1941 à 1942, l'armée soviétique subit de terribles désastres, et les pertes sont lourdes. Persuadé que l'Allemagne n'osera pas affronter seule l'URSS, Staline a dédaigné les nombreux signes avant-coureurs et les rapports d'espions l'informant qu'une attaque était imminente. L'armée soviétique est par ailleurs mal équipée, totalement désorganisée par les purges, et diri- gée par des officiers inexpérimentés. Staline, qui n'a aucune formation militaire, refuse de prendre en compte les avis des experts, donne des ordres inapplicables et enchaîne les mauvaises décisions. Il interdit notamment les retraites et ordonne aux hommes de combattre jusqu'à leur dernier souffle sous peine d'être fusillés. Les Allemands, nettement mieux préparés, font donc de nombreuses victimes et un nombre tout aussi important de prisonniers. Les généraux considérés comme responsables de la débâcle soviétique sont arrêtés et exécutés sous prétexte de trahison.

À partir du 4 septembre 1941, l'armée allemande assiège Leningrad. Le blocus de la ville dure jusqu'au 27 janvier 1944, soit près de 900 jours, et fait pas moins d'un million de morts. Le mois suivant, l'opération « Typhon » permet aux Allemands de s'approcher à quelques dizaines de kilomètres de Moscou, suscitant un début de panique. Alors qu'une partie des administrations est évacuée, Staline décide de rester pour encourager la résistance. Finalement, l'épuisement des troupes allemandes, leurs difficultés d'approvisionnement et la rigueur de l'hiver russe permettent à la contre-offensive soviétique de les faire reculer de plus d'une centaine de kilomètres.

DES VILLES AUX NOMS MULTIPLES

La ville de Saint-Pétersbourg est renommée Petrograd au début de la Première Guerre mondiale afin d'estomper la consonance germanique de son nom. Elle devient Leningrad en 1924, après la mort de Lénine, et retrouve son nom d'origine après la chute de l'URSS, en 1991. De même, Tsaritsyne, ville où Staline avait organisé la résistance à l'armée blanche, devient Stalingrad en 1925. Elle est débaptisée en Volgograd en 1961.

Au printemps 1942, les Allemands lancent l'opération « Fall Blau » qui a pour objectif d'attaquer le sud de l'URSS et Stalingrad, point crucial pour l'approvisionnement pétrolier et la navigation fluviale. De la fin du mois d'août 1942 au mois de janvier 1943, la bataille de Stalingrad entraîne des pertes phénoménales dans chacun des deux camps. Les Soviétiques, conscients de l'importance vitale de la ville, y livrent une résistance acharnée à laquelle les Allemands ne s'attendaient guère. Sa libération est la première grande défaite d'Hitler et marque un nouveau tournant de la guerre. Depuis lors, les Allemands ne cessent de reculer jusqu'à la victoire finale. Kiev est repris le 6 novembre 1943, et l'opération « Bagration », lancée par les Soviétiques le 22 juin 1944, après le débarquement de Normandie, prend l'armée allemande par surprise et permet la poursuite de l'avancée en Europe de l'Est.

LA SCISSION ENTRE DEUX MONDES

Avec la certitude de la victoire finale, l'alliance de circonstance entre communistes et capitalistes commence à se détendre. À mesure que sont libérés les territoires d'Europe de l'Est,

Staline y installe ses partisans au pouvoir. C'est le cas en Pologne, puis en Yougoslavie où le maréchal Tito (1892-1980) prend le pouvoir avec l'aide soviétique. La Roumanie, la Hongrie, la Bulgarie et l'Albanie deviennent également des États satellites de l'URSS, rejoints en 1948 par la Tchécoslovaquie : c'est la formation du bloc de l'Est.

Prendre Berlin avant les autres est l'objectif majeur des derniers mois de la guerre. Le 30 avril 1945, les troupes du maréchal Joukov (1896-1974) plantent enfin le drapeau soviétique au sommet du Reichstag (chambre législative allemande). L'Allemagne, qui capitule le 7 mai, est ensuite morcelée par les vainqueurs en plusieurs zones d'occupation. À partir du 24 juin 1948, Staline met en place le blocus de Berlin-Ouest – occupé par les Alliés mais enclavé dans la zone d'occupation soviétique – pour tenter de l'incorporer. Les Alliés ripostent aussitôt par l'installation d'un pont aérien, forçant Staline à lever le blocus le 12 mai 1949.

Les nombreuses tentatives d'intimidation soviétiques entraînent la formation en 1949 de l'OTAN (Organisation du traité de l'Atlantique nord), un organisme militaire défensive entre les pays d'Europe de l'Ouest et d'Amérique du Nord. La menace est bien réelle et a poussé deux ans plus tôt les États-Unis à lutter contre l'avancée communiste avec la doctrine Truman. Sur le territoire américain, le sénateur McCarthy (1908-1957) lance une véritable chasse aux sorcières contre toute personne soupçonnée de sympathie communiste.

Le conflit idéologique s'étend sur les autres continents : Staline signe un traité d'alliance avec la république populaire de Chine nouvellement créée, et fournit des armes au dictateur nord-coréen Kim II-sung (1912-1994) pour envahir le sud, provoquant la guerre de Corée (1950-1953), qui finira sur un statu quo et la partition à long terme du pays.

RÉPERCUSSIONS

UNE SOCIÉTÉ DE PÉNURIE

Les plans quinquennaux mis en place pendant la dictature de Staline ont privilégié la production de biens d'équipement au détriment des biens de consommation, créant une société de pénurie très éloignée de la société d'abondance promise par le socialisme. Les graves pénuries alimentaires engendrées par la collectivisation ont nécessité la mise en place d'un système de rationnement des produits de première nécessité et des biens de consommation courante, resté en vigueur de 1930 à 1935, puis de 1940 à 1947. Il faudra d'ailleurs attendre 40 ans avant d'atteindre le niveau de consommation alimentaire connu en 1913, alors que le niveau de vie des campagnes n'a jamais pu être amélioré. La situation est tout aussi critique dans les villes où les logements sont rares.

Alors que Staline souhaitait redresser son pays, les plans quinquennaux et leurs objectifs très ambitieux, voire irréalisables, ont en partie désorganisé la production. De nombreux chantiers ont dû être arrêtés avant leur achèvement ou ont été bâclés afin de respecter les délais fixés. En revanche, l'accent mis sur l'industrie lourde et sur l'industrie de guerre s'est avéré décisif au cours du second conflit mondial, même si l'URSS est restée dépendante de la fourniture de matériel de guerre par les Alliés.

UN BILAN HUMAIN EFFRAYANT

Entre 1930 et 1953, près d'un million de condamnations à mort de contre-révolutionnaires, « ennemis du peuple » ou d'» éléments socialement nuisibles » ont été réalisées dans le plus grand secret. On estime à plus de sept millions le nombre de déportés, et entre 15 à 20 millions les personnes ayant séjourné dans les camps du Goulag.

Les mesures prises contre le monde paysan ont causé des dégâts humains inimaginables. Deux millions et demi de paysans ont été déportés, des centaines de milliers sont morts en déportation, et autant d'autres ont été envoyés en camp de travail. Dans les campagnes, la collectivisation et les réquisitions démesurées de denrées alimentaires sont à l'origine de grandes famines (notamment celles de 1932-1933 et de 1946-1947). En 1933, Staline a sciemment condamné six millions de paysans à mourir de faim en Ukraine. Il s'agit de l'un des plus grands massacres du siècle, qui a été passé sous silence en Occident et camouflé en URSS.

La Seconde Guerre mondiale a eu un coût humain encore supérieur en URSS, avec près de 26 millions de morts, en partie dus à la faible valeur accordée par le régime stalinien à la vie humaine et aux choix tactiques déplorables de Staline. La guerre amène aussi son lot de déportations qui ont notamment touché certains habitants des territoires libérés dont on juge qu'ils ont été contaminés par le capitalisme, les élites et les nationalistes des populations frontalières en cours de soviétisation (pays Baltes et Ukraine), ainsi que les nationalités « suspectes » ou accusées – sans fondement – de collaboration avec l'occupant nazi. Ce sont des centaines de milliers de Karatchaïs (peuple de Russie vivant dans les régions montagneuses du centre du Caucase), de Kalmouks (peuple mongol vivant principalement en Russie), de Tchétchènes, d'Ingouches (peuple caucasien de Russie), de Balkars (peuple turc de Russie), d'Ukrainiens, de Tatars de Crimée (peuple turc musulman) et de Meskhètes (peuple musulman) qui sont envoyés en Sibérie, en Ouzbékistan et au Kazakhstan par de gigantesques convois ferroviaires. Leurs régions autonomes sont également abolies et l'existence même de ces peuples effacée des documents officiels.

DÉSTALINISATION ET CONTINUITÉ

Dans l'après-guerre, Staline a bénéficié de l'adhésion sincère d'une partie de la population, qui a vu en lui un général victorieux, et dont les plus jeunes ont pu se laisser porter par l'utopique projet socialiste. Cette gloire, il la doit surtout à la victoire remportée lors de la bataille de Stalingrad et au rôle qu'il a joué dans la protection du pays. Sa mort est donc accueillie avec inquiétude face à l'incertitude de l'avenir et la peur de nouveaux troubles.

C'est Nikita Khrouchtchev (1894-1971), son adjoint de longue date et fidèle partisan du régime, qui s'impose à la direction du parti. Pourtant, en 1956, lors du XXe congrès du parti, il critique à demi-mot les excès de l'époque stalinienne. Mais il faudra attendre l'arrivée au pouvoir de Mikhaïl Gorbatchev (né en 1931) et sa politique de transparence (1985-1991) pour que l'ampleur réelle des crimes de Staline soit révélée au monde entier. Les années suivant sa mort sont marquées par la déstalinisation et une relative détente : la moitié des détenus du Goulag sont relâchés grâce à une large amnistie et le nom de Staline disparaît de la presse. En 1961, son corps est retiré du mausolée de la place Rouge où il était enterré aux côtés de Lénine. Les lieux portant son nom sont également débaptisés et ses statues détruites.

En rejetant tous les excès de l'époque stalinienne sur le dictateur lui-même, Khrouchtchev réussit à sauvegarder l'image du parti et sa domination, et à conserver le pouvoir. Les gouvernements successifs s'inscrivent donc dans la lignée du système stalinien, poursuivant la même politique et perpétuant le système économique et social jusqu'à la chute de l'URSS. La déstalinisation apparaît donc a posteriori comme le début de la fissuration du système soviétique.

LE COMMUNISME APRÈS STALINE

Du vivant de Staline, l'opinion publique occidentale a été largement abusée par la propagande soviétique. De nombreux intellectuels se sont ainsi ralliés au communisme stalinien et ont admiré son modèle économique, qui apparaissait véritablement crédible si l'on ne connaissait pas la réalité du terrain.

Le rapport réalisé par Khrouchtchev, bien que très partiel, est donc un choc, qui ébranle sérieusement l'idéologie communiste et qui met brutalement un terme au rêve d'une société plus juste et plus heureuse. Suite à cela, les communistes se divisent, et certains partis nationaux cherchent désormais leur voie propre, loin de la tutelle de Moscou. Après l'explosion de sa première bombe atomique au Kazakhstan en 1949, l'URSS cesse d'apparaître comme le porte-drapeau d'une révolution sociale visant à construire un monde meilleur et est davantage perçue comme une puissance militaire agressive.

STALINE ET LA RUSSIE D'AUJOURD'HUI

Assez paradoxalement, Staline reste aujourd'hui encore assez populaire en Russie. Les générations qui n'ont pas connu son régime retiennent essentiellement la victoire sur les nazis, l'entrée dans l'ère industrielle de la Russie et l'établissement d'un État puissant et internationalement reconnu. Il est également particulièrement apprécié de ceux qui vivent dans la nostalgie de l'URSS. Preuve en est, sa tombe, située le long d'un mur du Kremlin, est toujours fleurie.

La popularité de Staline repose en fait sur une vision sélective et idéalisée du passé, en partie développée suite à la déception causée par les gouvernements contemporains. Elle est également rattachée à une admiration de l'homme fort et à la nostalgie d'une certaine grandeur de la Russie. Ainsi, pour une partie des Russes, la construction d'un État fort et la fierté nationale peuvent en partie justifier les affres de la terreur. Ce passé soviétique a d'ailleurs été réhabilité par Vladimir Poutine (homme d'État russe, né en 1952) en vue de créer une continuité historique entre l'URSS et l'État russe actuel, qui a par ailleurs hérité de ces deux périodes bon nombre de ses caractéristiques (omniprésence de la police secrète, utilisation de la violence envers les opposants, méfiance envers les agents supposés de l'Occident, etc.). L'ombre de Staline plane donc toujours sur la Russie.

EN RÉSUMÉ

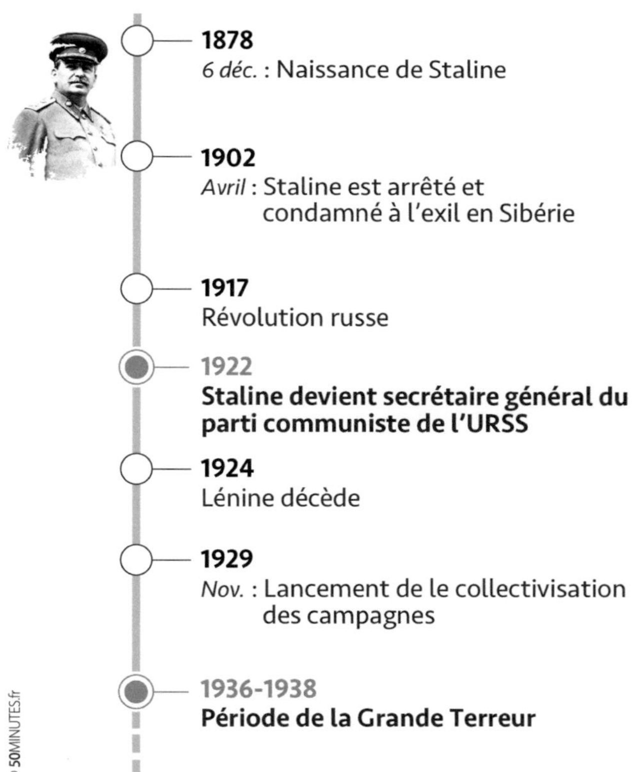

1878
6 déc. : Naissance de Staline

1902
Avril : Staline est arrêté et
condamné à l'exil en Sibérie

1917
Révolution russe

1922
Staline devient secrétaire général du
parti communiste de l'URSS

1924
Lénine décède

1929
Nov. : Lancement de le collectivisation
des campagnes

1936-1938
Période de la Grande Terreur

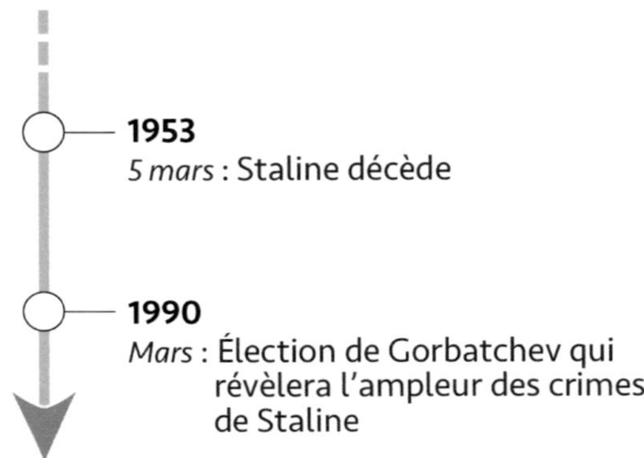

- Issu d'une famille très modeste du Caucase, Staline se fait connaître par son engagement dans le mouvement socialiste en lutte contre le régime tsariste. Il accède au gouvernement après la révolution et s'empare du pouvoir à la mort de Lénine grâce à son opportunisme, son sens tactique et son absence de scrupules.

- Pendant près de 30 ans, il dirige d'une main de fer l'URSS. Il y instaure un régime totalitaire, refusant toute délégation de pouvoir et recourant à la terreur politique pour assurer sa permanence (exécutions arbitraires, déportations massives, famine organisée).

- Successeur autoproclamé de Lénine, Staline est mû tout autant par l'idéologie révolutionnaire que par l'attrait du pouvoir. Si sa politique s'inscrit dans la lignée des idées marxistes, sa pratique politique donne naissance à un système global particulier désormais désigné sous le nom de stalinisme.

- Par le biais d'une économie planifiée et centralisée, il atteint son objectif de faire de son pays une grande puissance industrielle et militaire. Les grandes réussites sont alors glorifiées par la propagande pour manifester la grandeur du pays et la réussite de l'idéologie communiste, à l'intérieur comme à l'extérieur du pays.

- La réforme agraire, censée mieux nourrir la population et former des agriculteurs prospères, s'est faite au terme d'une épreuve de force contre les paysans et au prix d'une terrible famine. En outre, les mesures mises en place font des nouveaux kolkhoziens des agriculteurs privés de tout droit et de toute perspective.

- Mais à côté des grandes réalisations industrielles et militaires, l'URSS voit son peuple tomber dans la misère. La réalité est bien éloignée de l'idéal promis par Staline et proclamé par la propagande.

- Lorsque la Seconde Guerre mondiale éclate, Staline pense être protégé par le pacte de non-agression qui le lie à l'Allemagne. Par conséquent, lorsque les troupes du Führer pénètrent dans ses terres, la surprise est totale. Seules les immenses ressources humaines et matérielles de l'URSS lui ont permis de redresser la situation. Alors que la victoire s'est faite malgré Staline plus que grâce à lui, c'est son image qui en ressort grandie tant au sein de l'État qu'à l'extérieur.

- Si Alliés et Russes ont combattu ensemble, leur alliance ne dure qu'un temps, et, dès la libération des pays de l'Europe de l'Est par l'Armée rouge, Staline en profite pour étendre la sphère d'influence soviétique à la moitié de l'Europe. Communistes et capitalistes vont désormais se disputer le reste du monde pendant près de 40 ans.

- À sa mort, Staline est prudemment salué dans les pays non communistes comme le vainqueur du nazisme. Si des critiques sont émises par ses successeurs au pouvoir, l'ampleur réelle de ses crimes ne sera révélée qu'avec la chute de l'URSS. La période qui s'ensuit est marquée par la déstalinisation et une détente relative,

mais très vite un nouveau régime autoritaire
est instauré.

Votre avis nous intéresse !
Laissez un commentaire sur le site de votre
librairie en ligne et partagez vos coups de cœur sur
les réseaux sociaux !

POUR ALLER PLUS LOIN

SOURCES BIBLIOGRAPHIQUES

- BOURDIER (Florian), « Géorgie : les statues (stali-niennes) de la discorde », in *L'Express*, 5 mars 2013.

- FÉDOROVSKI (Vladimir), *Le fantôme de Staline*, Monaco, Éditions du Rocher, 2007.

- GROSSET (Mark) et WERTH (Nicolas), *Les années Staline*, Paris, Hachette, 2007.

- HUSSON (Édouard), MARIE (Jean-Jacques), WERTH (Nicolas), NEUMANN (Laurent) et BUFFET (Cyril), « Hitler-Staline : la guerre à mort », in *L'Histoire*, n° 252, mars 2001, p. 31-55.

- KERSAUDY (François), *Staline*, Paris, Perrin, 2012.

- KING (David), *Sous le signe de l'étoile rouge. Une histoire visuelle de l'Union soviétique de février 1917 à la mort de Staline*, Paris, Gallimard, 2009.

- MARIE (Jean-Jacques), *Staline, naissance d'un destin*, Paris, Éditions Autrement, 1998.

- MARIE (Jean-Jacques), *Staline*, Paris, Fayard, 2001.

- SEBAG MONTEFIORE (Simon), *Staline, la cour du tsar rouge*, Paris, Éditions des Syrtes, 2005.

- SEBAG MONTEFIORE (Simon), *Le jeune Staline*, Paris, Calmann-Lévy, 2008.

- SERVICE (Robert), *Staline*, Paris, Perrin, 2013.

- « Staline, 50 ans après : ce qu'il fut, ce qu'il fit et ce qu'il en reste », in Le *Monde*, supplément du 26 février 2003.

- WERTH (Nicolas), MARIE (Jean-Jacques), COURTOIS (Stéphane) et WINOCK (Michel), « La mort de Staline », in *L'Histoire*, février 2003, n° 273, p. 31-59.

SOURCES COMPLÉMENTAIRES

- APPELBAUM (Anne), *Goulag, une histoire*, Paris, Grasset, 2005.

- CARRÈRE D'ENCAUSSE (Hélène), *Staline, l'ordre par la terreur*, Paris, Flammarion, 1979.

- FERRO (Marc), *Naissance et effondrement du régime communiste en Russie*, Paris, Librairie générale française, 1997.

- FIGES (Orlando), *Les chuchoteurs*. Vivre et survivre sous Staline, Paris, Denoël, 2009.

- FURET (François), *Le passé d'une illusion. Essai sur l'idée communiste au XXe siècle*, Paris, Le Livre de Poche, 1995.

- VAKSBERG (Arkadi), *Staline et les juifs*, Paris, Robert Laffont, 2003.

- VOLKOFF (Vladimir), *La trinité du mal, ou réquisitoire pour servir au procès posthume de Lénine, Trotsky, Staline*, Lausanne, L'Âge d'homme, 1991.

- WERTH (Alexander), *Leningrad*, 1943, Paris, Tallandier, 2010.

- WERTH (Nicolas), *La vie quotidienne des paysans russes de la révolution à la collectivisation*, Paris, Hachette, 1984.

- WERTH (Nicolas), *Histoire de l'Union soviétique*, Paris, Presses universitaires de France, 1990.

SOURCE ICONOGRAPHIQUE

- Winston Churchill, Franklin D. Roosevelt et Staline à la conférence de Yalta. La photo reproduite est réputée libre de droits.

DOCUMENTAIRES

- *Piégés par Staline*, documentaire de Nicolas Jallot et Xavier Deleu, France, 2003.

- *Staline, le règne de la terreur*, documentaire de Tony Bulley, Grande-Bretagne, 2003.

- *Staline, le tyran rouge*, documentaire de Mathieu Schwartz, Serge de Sampigny et Yvan Demeulandre, France, 2007.

- *Hitler et Staline, la diagonale de la haine*, documentaire d'Ullrich H. Kasten et Hans-Dieter Schütt, Allemagne-France-Italie, 2008.

- *Le Dernier Complot de Staline*, documentaire de Philippe Saada, France, 2009.

- *Staline-Molotov : le tyran et son double*, documentaire d'Ullrich H. Kasten, Allemagne, 2010.

- *Les Enfants du Goulag*, documentaire de Romain Icard, France, 2011.

- *Birobidjan, Birobidjan !*, documentaire de Marek Halter, France, 2012.

- *Comment nous avons construit le métro de Moscou*, documentaire de Xavier Villetard et Anne Brunswick, France, 2013.

- *L'Ombre de Staline*, documentaire de Thomas Johnson et Marie Brunet-Debaine, Finlande-France, 2013.

- *Retour à Stalingrad*, documentaire Vladimir Vasak, Liza Zamyslova et Sébastien Guisset, France, 2013.

- *Holodomor, le génocide oublié*, documentaire de Bénédicte Banet, France, 2014.

LITTÉRATURE

- GIDE (André), *Retour d'URSS*, suivi de *Retouches à mon Retour de l'URSS*, 1937.

- GROSSMAN (Vassili), *Carnet de guerre. De Moscou à Berlin*, 1941-1945.

- KOESTLER (Arthur), *Le Zéro et l'infini*, 1945.

- KRAVCHENKO (Victor), *J'ai choisi la liberté*, 1947.

- DOUDINTSEV (Vladimir), *L'homme ne vit pas seulement de pain*, 1957.

- SOLJENITSYNE (Alexandre), *Une journée d'Ivan Denissovitch*, 1962.

- BOULGAKOV (Mikhaïl), *Le Maître et la Marguerite*, 1968.

- SOLJENITSYNE (Alexandre), *L'Archipel du Goulag*, 1974.

- DOMBROVSKI (Iouri), *La Faculté de l'inutile*, 1978.

- GROSSMAN (Vassili), *Pour une juste cause, 2000*, suivi de *Vie et destin*, 1980.

- CHALAMOV (Varlan), *Récits de la Kolyma*, 1980-1982.

- ORWELL (George), *La Ferme des animaux*, 1981.

- GORENSTEIN (Friedrich), *Compagnons de route*, 1988.

- RYBAKOV (Anatoli), *Les Enfants de l'Arbat*, 1988.

- PRISTAVKINE (Anatoly), *Un petit nuage d'or sur le Caucase*, 1989.

- MATTHEWS (Owen), *Les Enfants de Staline*, 2009.

BÂTIMENTS COMMÉMORATIFS

- Le musée Staline, dans sa maison natale de Gori (Géorgie).

- La tombe de Staline, au Kremlin (Moscou).

- Le canal mer Baltique-mer Blanche (*Belomorkanal*), le canal de Moscou et le canal Don-Volga sont de grands projets staliniens réalisés par les détenus du Goulag (Russie).

- Le métro de Moscou (Russie).

- Les Sept Sœurs de Moscou, série de gratte-ciels staliniens.

© 50MINUTES, 2015. Tous droits réservés.
Pas de reproduction sans autorisation préalable.
50MINUTES est une marque déposée.

www.50minutes.fr

ISBN ebook : 978-2-8062-5484-9
ISBN papier : 978-2-8062-5662-1
Dépôt légal : D/2015/12603/51
Photo de couverture : *Joseph Staline*, Image réputée libre de droits.

Conception numérique : Primento,
le partenaire numérique des éditeurs